NOTICE

SUR LA VIE ET LES OUVRAGES

DE M. DE POUGENS,

Publiée le 15 août 1834, jour anniversaire de sa naissance.

IMPRIMERIE DE PROSPER DONDEY-DUPRÉ,

SUCCESSEUR DE SON PÈRE,

Rue Saint-Louis, N° 46, au Marais.

NOTICE

SUR LA VIE ET LES OUVRAGES

DE

M. DE POUGENS,

DE L'INSTITUT, ETC.,

SUIVIE DE DEUX ÉLÉGIES SUR SA MORT,

PAR MM. A. F. GUILLERÉ ET DE LOIZEROLLES,

ET D'UNE

LETTRE DE M. ALPH. DE LAMARTINE.

> Je ne connais point de philosophie pour
> celui qui vient de perdre son ami.
> (POUGENS, *Lettres anecdotiques de
> philosophie et de morale, etc.*)

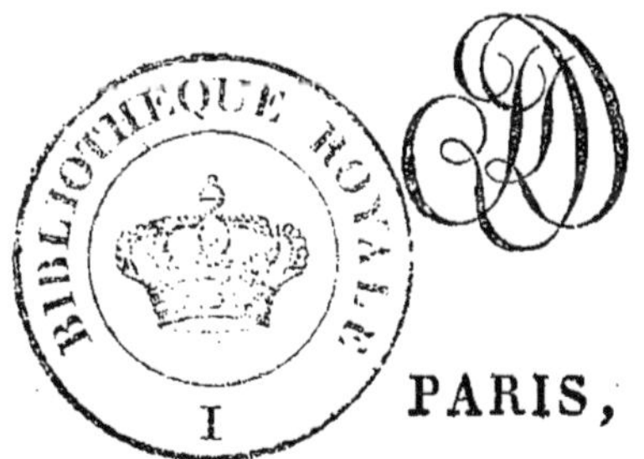

PARIS,

A LA LIBRAIRIE ORIENTALE DE PROSPER DONDEY-DUPRÉ,

RUE RICHELIEU, N° 47 *bis*;

ET CHEZ DELAUNAY, LIBRAIRE, AU PALAIS-ROYAL.

1834.

M. le chevalier de Loizerolles est auteur de neuf poèmes : du Martyr
de Louis XVI, de la Mort de Loizerolles et des poèmes inédits de la
Fête-Dieu dans un hameau, de la Toussaint, de la Fête des Morts, le
Panorama des grands hommes de la Grèce et de l'Italie, et d'une Mati-
née de Printems au Jardin des Plantes, sous presse.

A

LA MÉMOIRE

DE CHARLES POUGENS,

PHILANTROPE ÉCLAIRÉ, PROFOND ÉRUDIT,

POÈTE AIMABLE,

ÉGALEMENT DISTINGUÉ PAR SES TALENS ET SES VERTUS,

HOMMAGE

DE LA PLUS TENDRE AMITIÉ.

NOTICE
SUR M. DE POUGENS.

Parmi les hommes dont la France et l'Europe déplorent la perte depuis 1830, époque qui a été comme le signal d'une guerre à mort contre la vertu et le génie; parmi ces grands noms des Cuvier, des Benjamin Constant, des Walter-Scott, des Lamarque, des Lafayette, jetés en proie à la tombe, il en est un qui vient de s'éclipser plus pur peut-être et aussi brillant que ceux que je viens de rappeler aux regrets du monde savant et philantrope... Pougens est mort!... Pougens, cet aveugle que toutes les académies comptaient avec orgueil dans leur sein, que toutes les infortunes allaient trouver avec confiance dans sa retraite obscure....... O vous qui êtes tentés de croire à l'exagération de mes paroles, vous qui avez oublié qu'il existait encore des bienfaiteurs de l'humanité pour faire honte et leçon à notre siècle d'égoïsme et de basse cupidité, écoutez l'histoire du vieillard que je pleure et vous trouverez bien froide mon admiration !

Le chevalier Marie-Charles-Joseph Pougens,

membre de l'Institut (Académie des Inscriptions et Belles-Lettres), des Académies de Saint-
Pétersbourg, des Pays-Bas, de Madrid, de Bologne, della Crusca, de Francfort, de Lyon, de
Leyde, etc., est mort à Vauxbuins, près Soissons, le 19 décembre 1833, à l'âge de soixante-
dix-huit ans quatre mois. Si l'origine des grands
hommes est ce qu'il y a de moins remarquable
dans leur histoire, je n'essaierai point de prouver l'assertion des amis du savant Pougens qui
lui donnent pour père, les uns Louis XV, d'autres le prince de Conti mort avant la révolution.
Quand dès sa plus tendre enfance on s'est élevé
par le génie au-dessus des titres et des hochets
humains, le rang de prince n'est que secondaire,
puisqu'il emprunte alors son éclat au mérite...
Ainsi laissons sur le berceau de Pougens un voile
qu'il n'appartient de soulever qu'à son épouse,
confidente intime de ce qu'il y a de mystérieux
dans la biographie que je vais esquisser (1).

Pougens naquit à Paris, le 15 août 1755, et
fut confié aux soins d'une excellente femme
nommée Baugé, sous la haute direction d'une parente de la marquise de Pompadour. Son éducation fut royale. Comme il était d'une complexion
délicate, qui ne se fortifia jamais, ses parens,
au lieu de l'envoyer au collége, lui donnèrent
sous leurs yeux les maîtres les plus habiles dans

les arts, les lettres et les sciences; il fut élève
de Creuze, de Bachelier, et eut pour gouverneur l'illustre Lamontagne. A l'âge où l'on
n'est pas encore jeune homme, les succès de
Pougens présagèrent ce qu'il serait un jour.
Un poème allemand, intitulé *l'Aurore*, fit grand
bruit dans le monde, surtout quand on apprit
que l'auteur avait à peine douze ans, parlait déjà
plusieurs langues, peignait avec un talent remarquable et faisait la gloire de tous ses profes-
seurs... Sans doute vous avez deviné le nom du
petit héros déjà si fameux... mais voyez-le gran-
dir.

Né pour être chéri toute sa vie de ceux qui
l'ont approché, Pougens fut de bonne heure
l'espoir de sa noble famille et l'idole des som-
mités du siècle dernier que nous verrons bientôt l'entourer de leur estime, après l'avoir honoré
de la plus vive amitié. Comme on le destinait à
la diplomatie, on le fit voyager, et, en 1776,
il arriva dans la capitale de l'Italie recommandé
spécialement par la cour de France au cardinal
de Bernis, qui devint l'un de ses meilleurs amis
aussitôt qu'il eut apprécié la noblesse d'ame,
les talens et les rares qualités du jeune littéra-
teur, artiste et diplomate. Ce fut là qu'il connut
le célèbre commentateur de Newton, P. Jac-
quet, M. de la Brillanne, ambassadeur de Malte,

et le marquis de Fortia d'Urban : le premier lui enseigna l'astronomie; le second se déchargea plus d'une fois sur lui du soin de son ambassade, et le dernier, l'un de nos plus érudits antiquaires, philologue et mathématicien si distingué que d'Alembert l'appelait le premier géomètre de son siècle, M. de Fortia, dis-je, commença avec Pougens, dont il partageait le goût pour le travail, cette liaison admirable qui dura près de soixante ans sans nuage. Tous deux jeunes, brillans, recherchés des familles les plus considérables de Rome, ils passaient le jour et une partie des nuits au Vatican, où Pougens, comme s'il eût prévu le malheur qui allait bientôt le frapper, faisait avec avidité les recherches nécessaires à l'exécution du plus grand ouvrage connu sur notre langue : je veux parler du *Trésor des Origines et Dictionnaire grammatical raisonné de la langue française*, qui, dans son plan gigantesque, embrasse les élémens de toutes les langues et la connaissance approfondie de quelques-unes. Un spécimen de 500 pages in-4° a précédé, en 1819, à Paris, la publication de l'ouvrage entier qui, je crois, est terminé aujourd'hui et contient la matière de plusieurs vol. in-fol. Ce grand travail fut commencé en mai 1777, et depuis, Louis-Philippe promit à Pougens de lui fournir à ses frais plusieurs secrétaires pour le disposer à l'impression qu'il devait en outre favoriser.

C'est au milieu de ces occupations, quand Pougens, reçu professeur à l'académie de peinture de Rome, à l'âge de vingt ans, admis dans le sein des académies des lettres et des sciences de Bologne, della Crusca, etc., voyait s'ouvrir devant lui un monde de gloire et d'honneurs, que la petite-vérole vint le saisir et lui faire perdre la vue peu de tems après. En vain le généreux Fortia ne quitta pas un instant le chevet de son ami malade ; en vain Rome prit part au malheur de l'illustre jeune homme, il lui fallut renoncer à l'étude dans l'espoir d'améliorer son état devenu plus rassurant, grâce au traitement que lui imposait le marquis de Fortia ;... mais la guérison n'arrivant pas au gré de Pougens, il partit pour Lyon avec Pierre Lamontagne, envoyé de Paris à la première nouvelle d'un accident qui menaçait d'être si funeste. Voyage affreux, puisqu'un charlatan qui passait pour excellent oculiste, à Lyon, lui creva tout-à-fait les yeux, en voulant l'opérer de la cataracte qui n'existait pas, et en changeant les moyens curatifs employés avec succès par M. de Fortia! On était en 1780, et Pougens avait alors vingt-quatre ans. Qu'on juge par sa jeunesse de ce qu'il fût devenu pour les sciences et l'humanité, sans la catastrophe qui l'arrêta au commencement de sa carrière! Pendant son séjour à Lyon, Pougens, l'un des plus fervens admirateurs de Jean-Jacques, sur lequel il nous a conservé plusieurs anecdotes fort intéressantes, et racontées dans ses *Lettres anecdotiques sur le 18ᵉ Siècle,* etc., avec une simplicité charmante, Pougens eut occasion de voir très-souvent M. Coignet, qui avait donné l'hospitalité à l'auteur *d'Émile.* Ses conversations, reproduites dans l'ouvrage cité plus haut, piquent vivement la curiosité, et détruisent plusieurs mensonges odieux répandus dans les écrits des adversaires du grand philosophe que le jeune aveugle essaya de réhabiliter avant de quitter Lyon.

Arrivé à Paris, Pougens, loin de se décourager, reprit ses travaux avec plus d'ardeur que jamais, fut l'ami de Turgot, de La Rochefoucault-Liancourt, de Noailles, de Dupont de Nemours, de Mᵐᵉ de Staël, de d'Alembert, qui mourut dans ses bras, de Franklin et de tous les personnages vertueux ou célèbres de l'époque. Dans l'intérêt de son grand ouvrage, il obtint une mission pour l'Angleterre, et contribua puissamment au traité de commerce conclu avec cette nation, en 1786.

Cependant la révolution approchait; Pougens allait être ruiné. Avec 10,000 fr. de rente sur le grand-livre et 15,000 fr. en expectative (2) d'un prieuré qu'il possédait comme chevalier de Malte, dispensé d'en porter l'habit, et plus tard de garder le célibat, privilége qui lui fut accordé par tout l'ordre assemblé , Pougens se trouva tout-à-coup réduit à la plus affreuse détresse. Sans perdre courage, sans recourir aux puissances d'alors, dont il partageait ceux des principes républicains qui avaient pour but l'affranchissement des peuples et la liberté progressive sans violence, surtout sans échafaud, l'aveugle traduit les *Voyages de Forster* pour le libraire Buisson, et trouve moyen, malgré ses infortunes, d'être utile à un grand nombre de victimes révolutionnaires , dans un tems où la délation prenait souvent le nom d'amitié. Bientôt il n'a plus qu'un assignat de 10 livres valant 35 sous. Avec cela, sans associé, sans emprunt, il entreprend le commerce de la librairie, élève en peu d'années une des premières maisons de la capitale, fonde une imprimerie, rédige la Bibliothèque française, et crée l'avenir de plus de cinquante pères de famille , qui vivent encore pour la plupart, attestant à l'histoire l'exemple d'un aveugle bienfaiteur de l'humanité par le travail le plus opiniâtre, la patience et surtout la philantropie la plus merveilleuse, car il ne voulait pas être riche, mais faire le bien. Cette abnégation du *moi* brille dans tous ses ouvrages; le *moi* chez lui c'est la bienfaisance,... ses douleurs, celles des autres!...

Tout réussissait à Pougens; il avait traversé la terreur en s'entourant d'amis et d'infortunés; sa réputation grandissait avec son commerce; il charmait les salons de Mme Fanny de Beauharnais par sa gaîté spirituelle, quand des banqueroutes à l'étranger lui enlevèrent subitement 120,000 francs, valeur métallique. Fort de son honneur, il écrit une lettre noble et simple à Napoléon. L'empereur, qui se connaissait en grands hommes comme en grandes actions, lui envoie 40,000 francs; Dupont de Nemours lui apporte 50 louis (c'était tout son avoir)... il les refuse; une dame inconnue lui adresse 10,000 francs. Avec cela Pougens remplit tous ses engagemens et conserve son crédit intact. Lorsqu'il voulut s'acquitter envers Napoléon, l'empereur n'accepta que 20,000 fr., le priant de garder les 20,000 autres à titre d'indemnité, parce qu'il n'avait pas demandé le renouvellement de son brevet de Libraire, et en considération des services qu'il avait rendus aux lettres et au commerce.

Loin de moi toute idée étrangère à la douleur, tout rapprochement politique que Pougens ne

me pardonnerait pas, car il n'a jamais compris
l'ingratitude, lui qui voulait que l'Institut en
corps souscrivît pour Laffitte, Mécène des savans; mais qu'il me soit permis de déplorer,
sans en accuser personne, l'état de pénurie que
Pougens éprouva sur la fin de sa vie, après
avoir épuisé ses dernières ressources pour les
orphelins du choléra;... qu'il me soit permis
encore de rappeler à la France que l'aveugle
de Vauxbuins, commandeur de l'ordre royal
de Charles III, décoré de ceux de l'Aigle, du
Faucon-Blanc, de Sainte-Anne et de dix autres,
n'était point membre de la Légion-d'Honneur,...
et pourtant nous lui devons de grandes amélio-
rations dans notre Code criminel! Nicolas,
ce monarque si cruel parfois, et parfois aussi
généreux, a continué à Pougens la pension d'é-
tat que l'impératrice, sa mère, lui avait accor-
dée à titre de son correspondant littéraire pendant vingt-six ans... et les écrits du philosophe
n'ont cessé cependant de défendre la cause des
peuples contre le despotisme et les lois sangui-
naires. Tant il est vrai que les souverains peu-
vent oublier quelquefois leur inimitié person-
nelle pour remplir un grand acte de justice
envers un homme qui a le courage de la vertu!
O vous qui cherchez dans mes regrets un peu
amers quelque allusion au prince qui nous

gouverne, n'oubliez pas que Pougens a con-
stamment aimé Louis-Philippe et sa famille,
dont il a fait un éloge pompeux dans ses Lettres
philosophiques!

En 1805, miss Sayer, parente et élève de
mistriss Boscowen, veuve de l'amiral de ce nom,
mère de la duchesse de Beaufort, surnommée la
Sévigné d'Angleterre, miss Sayer donna sa main
au chevalier de Pougens, digne qu'elle était,
par ses connaissances étendues, la noblesse de
son nom et plus encore l'exquise sensibilité de
son cœur, d'être l'épouse de l'homme dont la
vie est une suite non interrompue de bienfaits.
Résolu, dès ce moment, à se consacrer dans la
solitude et le bonheur domestique à l'achève-
ment de son grand Dictionnaire, Pougens se
retira des affaires en 1808, et vint habiter le
joli village de Vauxbuins, près Soissons, avec
l'élite de ses amis : M. Théodore Lorin, savant
distingué, son secrétaire, ou plutôt le premier
de ses fils d'adoption depuis quarante ans, et
dont l'ame est tellement identifiée avec celle de
Pougens, qu'on les chérit également; Mlle Louise
de Saint-Léon, auteur de plusieurs romans es-
timés, *Henri Dornal, Eugénio,* etc., et d'autres
dames formant ensemble une véritable colonie
de parias bienfaisans dans notre siècle desséché
comme un vieil avare. C'est là seulement, c'est

près des pauvres qu'il soulageait, des malades
qu'il visitait, des littérateurs qu'il protégeait,
tantôt leur ouvrant sa bourse, tantôt leur of-
frant son crédit, que Pougens était heureux, ou-
bliant ses malheurs et ses infirmités dont il faisait
taire la voix aiguë par un travail de quinze heures tous les jours... et maintenant on le pleure...
la vallée est en deuil... Plus de père à l'orphelin,
d'ami pour le jeune homme qui partageait son
pain ou venait le prier d'en donner à sa mère !...
Le Moniteur est resté muet sur sa tombe ; mais
les pauvres ont porté ses restes sacrés au champ
du repos, faisant de leurs épaules un char triomphal ; mais Soissons tout entier a voulu honorer
ses restes par un cortége immense ; mais un
grand nombre de sociétés savantes ont payé
par leurs regrets spontanés un juste hommage
à la mémoire de leur vénérable membre ; mais
tout ce qu'il y a d'illustre se rappelle son nom
avec respect et le bénit avec reconnaissance.
Puissent mes larmes et l'esquisse rapide de
ses habitudes simples, nobles, généreuses,
le faire revivre un instant dans le souvenir de
ses amis ! Un jour peut-être, Mlle de Saint-
Léon, héritière du cœur de Pougens, écrira
son histoire, enseignement sublime et unique
pour la postérité... elle seule et M. Lorin peu-
vent continuer les bienfaits du vieillard aveu-

2

gle, en publiant ses pensées intimes, ses con-
fidences, ses entretiens qui devaient avoir une
teinte céleste... Que mes vœux soient entendus
de ces deux enfans de Pougens, et la France
les remerciera!!

Doué d'une ame aimante et mélancolique,
Pougens avait un visage serein et majestueux
comme celui d'Homère. Ses cheveux longs et
tombant sur ses épaules, son front élevé, ses
lèvres souriant avec tristesse et peut-être un
peu sardoniques, imprimaient à sa physionomie
un mélange admirable de douceur et de fierté :
c'était un beau vieillard. S'éveillant avant le soleil, au champ d'un coq qui le suivait partout
comme un familier, il travaillait presque sans
relâche jusqu'à neuf heures du soir ; toutes ses
occupations, ses changemens de travaux, ses
actes les plus indifférens étaient fixés d'une ma-
nière invariable nécessaire à la constance qu'il
a fallu pour mettre à fin ses nombreuses productions littéraires. Rien n'était plus touchant
que de voir l'aveugle consoler de son trône dio-
génique (3) l'infortuné qui venait solliciter sa
pitié... et ses consolations n'étaient pas stériles
comme celles des grands, desséchés par le pou-
poir... Il pleurait, lui, avec le paysan dont la
femme était mourante ; il achetait les remèdes
et les alimens jusqu'à parfaite convalescence...

et la mère de famille qu'il avait sauvée, et les enfans qu'il avait nourris et vêtus, venaient lui baiser la main avec une reconnaissance sacrée comme la religion... Puis venaient un poète nouveau Gilbert, un réfugié, un malheureux poursuivi par des créanciers après une mauvaise récolte, une victime de nos orages politiques... Il écoutait leurs peines, et s'ils méritaient sa bienveillance, ce qui arrivait presque toujours, il les renvoyait contens et devenus plus courageux. Comme il savait quitter et reprendre avec égalité d'ame les travaux que la bienfaisance interrompait! comme il était fécond en expédiens pour calmer tous les genres de souffrance morale et physique de ses semblables! Un de ses mots les plus vrais, chose difficile à croire, était celui-ci : « Pour vous je ferai tout le possible, et » l'impossible sera tenté (4). » Et ne croyez pas que la philantropie de Pougens se renfermât dans son vallon où les enfans et par habitude leurs pères l'avaient surnommé *bon homme* (5)!... A Paris, une dame était chargée de distribuer ce qu'il enlevait à son nécessaire, pour consoler les indigens qu'une pudeur noble empêchait de mendier... M. Cocheris, son ancien secrétaire, était le canal de la plus grande partie de ses bonnes œuvres... M. le chevalier de Loizerolles, fils de l'illustre Loizerolles, dont la mort, acte sublime de dévouement paternel, honore la

France, faisait toutes les démarches utiles aux intérêts des protégés de Pougens (6)... Arrêtons-nous... parler plus long-tems de la bienfaisance inépuisable de l'aveugle serait parler de moi ; terminons plutôt ce tableau bien imparfait par ce que Pougens dit de lui-même dans ses *Contes du vieil Ermite* et dans ses *Lettres philosophiques sur le 18ᵉ Siècle* : « .... Il me reste
» maintenant un petit secret à vous dire, mais
» bien bas, bien bas ; car je serais fâché d'être
» écouté des gens du monde. Or le voici ce se-
» cret : c'est que tout ce magnifique appareil
» de bienfaisance et d'humanité est beaucoup
» moins cher qu'on ne le pense. » Ne dirait-on pas que le bon vieillard veut s'excuser d'une faute !... Voici comment il définit la vie : « Une
» longue maladie chronique qui devient aiguë
» par intervalles. Comme la mort seule peut
» nous en guérir, que la philosophie du moins
» nous indique quelques calmans salutaires,
» mais qu'elle se borne à être expectante et
» préservative, la vraie sagesse ne contrarie la
» nature que dans les occasions où la nature a
» tort... » Il ajoute plus loin : « Je ne connais
» point de philosophie pour celui qui vient de
» perdre son ami. » Triste principe dont l'application n'est que trop vraie pour tous ceux qui t'ont connu, vénérable Pougens !

La liste de ses ouvrages est trop longue ;

qu'on me permette de citer les principaux, jusqu'à ce qu'un libraire entreprenne d'en faire une édition populaire. Et d'abord qui ne s'est attendri jusqu'aux larmes sur *la Petite Jocko*, nouvelle charmante qui eut trois éditions successives et fut traduite dans toutes les langues? *Les Lettres d'un Chartreux,* qui rappellent celles d'Héloïse et d'Abailard; *les Quatre Ages,* dont tous les cours de littérature citent des fragmens comme modèles du style riche et poétique qui fait la gloire de Buffon et de Bernardin de Saint-Pierre; *les Lettres anecdotiques de Philosophie et de Morale; Abel,* plaidoyer généreux qui sous la forme de roman contre la peine de mort, l'esclavage, les peines infamantes, a contribué à une réforme dans notre système pénitentiaire; *la Religieuse de Nîmes,* d'où Chénier a tiré son drame de Fénélon; *les Lettres de Sosthènes à Sophie,* écrites avec une suavité, une élégance, une sensibilité qui nous font chérir l'auteur plus encore que l'ouvrage; *le Trésor des Origines,* dont nous avons parlé précédemment, fruit de soixante années de recherches et de travaux inconcevables de la part d'un aveugle; *le Dictionnaire des Privatifs de la langue française; l'Archéologie française,* enlevée par les Allemands aussitôt que publiée; un *Choix de Poésies,* tantôt légères, tantôt sérieuses;

l'Essai sur les antiquités du Nord et les anciennes langues septentrionales ; l'Essai de Physique, de Botanique et de Minéralogie ; les Voyages traduits de Forster, etc., ont porté dans toute l'Europe la gloire du nom et du génie infatigable de Pougens. Il est aussi éditeur des *Lettres originales de Rousseau à Mme de Luxembourg.*

Maintenant, pour ceux qui jugent l'homme par ses amis, j'ajouterai que le dernier siècle et celui-ci ne comptèrent pas un seul personnage éminent qui ne se crût honoré de connaître le philantrope quoique pauvre, le savant, l'érudit quoique aveugle. Outre Francklin, Turgot et les hommes vertueux déjà nommés, MM. de Lafayette, comte de Reinhard (7), de Loizerolles, de Pastoret, Eymeric David, Fleury de Lécluse, Boissonnade, J. Laffitte, baron de Ladoucette, le prince de Saxe-Veimar, de Montalivet père, etc., ont été liés avec Pougens, dont la mémoire les console de sa mort. Adieu, noble vieillard ! adieu, bienfaiteur de l'humanité ! permets qu'en finissant j'oublie ma douleur pour m'écrier au nom de tes amis comme le faisait Francklin en apprenant la perte douloureuse que tu avais faite de d'Alembert : « La perte des amis est une taxe que le tems lève sur la vieillesse (8). »

A. F. GUILLERÉ,

NOTES.

(1) Page 8. — Les *Mémoires de M. de Pougens*, qui paraîtront bientôt, suppléeront à mon silence sur certains faits que j'ai cru devoir omettre.

(2) Page 13. — Il en avait abandonné le revenu à son gouverneur pour quelques années.

(3) Page 18. — Pougens travaillait dans une espèce de *niche* en forme de tonneau pour se préserver du froid.

(4) Page 19. — Voici un fait qui le prouve : fatigué d'avoir, pendant deux ans, sollicité de M. de Guizot, de la Reine et de plusieurs membres de l'Institut quelque mince emploi pour un jeune protégé qui méritait une indulgente bonté à défaut de justice, Pougens écrivit à l'empereur Nicolas une lettre de recommandation restée sans effet parce qu'elle arriva à Saint-Pétersbourg en même tems que la nouvelle de sa mort!... Ainsi rien ne décourageait ce bon vieillard dont le dernier acte fut un bienfait!... *Pertransiit bene-faciendo.*

(5) Page 19. — L'aveugle philantrope avait coutume de se mettre en rapport avec tous les amis de ses protégés, afin d'agir de concert et plus efficacement. L'honorable M. Parant, député de la Moselle, recevait des remerciemens de M. de Pougens, qui cependant ne le connaissait que par sa réputation d'homme de bien, toutes les fois qu'il faisait une démarche dans l'intérêt du jeune homme cité plus haut : tant

les services qu'on rendait au malheureux protégé du vieillard lui semblaient personnels!!!

(6) Page 20. — On sait que M. de Loizerolles père s'est substitué à son fils sur l'échafaud, le 8 thermidor.

(7) Page 22. — M. de Reinhard, pair de France, ancien ministre des affaires étrangères, membre de deux classes de l'Institut, etc., dont quarante années d'ambassades glorieuses pour la France et utiles aux proscrits de toutes les nations n'ont point émoussé l'ame bienfaisante, s'est constitué le continuateur des bonnes œuvres de Pougens.

(8) Page 22. — Si je n'ai pas fait l'analyse des écrits de M. de Pougens, c'est que les éloges répétés par tous les critiques français et étrangers ont et doivent avoir plus de poids que les miens qu'on pourrait croire dictés par la reconnaissance. Ainsi je n'ai point parlé des *Contes du vieil Ermite de Vauxbuins*, 3 vol. in-12, empreints d'une raillerie spirituelle, d'une finesse voltairienne, d'une imagination riche, d'une philosophie douce et persuasive, et d'une variété piquante de sujets, source de fortune pour nos vaudevillistes. Qu'il me suffise de dire que les ouvrages de l'*aveugle*, portés à leur 3e ou 4e édition et traduits plusieurs fois dans les principales langues de l'Europe, sont devenus très-rares.

ÉLÉGIE

SUR M. DE POUGENS.

Sentir battre en son cœur vingt-quatre ans de souffrance,
Aimer, sans qu'un regard vous jette un doux rayon,
   Rêver la gloire et s'éveiller sans nom ;
Puis ne plus croire à rien ,... rien, même à l'espérance,
    Ange incertain tombé des cieux ;
N'est-ce pas que la vie est un bienfait des dieux ?

  « Pauvre petit ! » soupirait bonne mère,
En glissant sur mon front un baiser plein de deuil,
   « Pauvre petit ! ta joie est éphémère ;
» Chante encore aujourd'hui, car demain le cercueil !..»
Et je lui souriais, la croyant immortelle,
Et mon père, en pleurant, espérait mon espoir :
Le tems était à nous... Elle était jeune et belle,
Fraîche comme la fleur aux caresses du soir...
Joyeux je m'endormis, bercé par la prière,
   Et le matin , je n'avais plus de mère ! !

  Quinze printems ont redit ma douleur ;
Quinze fois l'infortune a répété : souffrance !...
Non... je n'ai plus de foi, de foi qu'à l'indigence ;
Loin d'une mère, hélas ! peut-on croire au bonheur ?

Et j'allais grandissant comme un saule timide
Grandit, le front penché sur le rivage humide...
Sans fortune, orphelin, je cherchais des amis;
Paria, j'essayais d'affronter la tempête,
Mais la honte bientôt me recourbait la tête...
L'ami de l'orphelin, n'est-ce pas le mépris?...

Ainsi pleurait ma lyre au vallon solitaire,
Quand m'apparut Pougens, jeune homme octogénaire;
Jeune homme, car son cœur mentait à ses cheveux;
Et le ciel me sourit, et je crus être heureux!!...

Que vous ai-je donc fait, cruelles destinées?
L'espoir recommençait à compter mes années;
Je bénissais Pougens, appuyé sur son bras,
Et l'aveugle éclairé guidait mes premiers pas;
Poète sans écho j'écoutais son histoire;
Je puisais l'avenir aux pages de sa gloire;
Mais la mort... non! arrête!.. oh! donne-lui mes jours;
Si tu frappes, vois-tu, je n'aurai plus qu'un père.
Laisse-les-moi tous deux pour remplacer ma mère!!!
Las! le tems porte sceptre, et les rois restent sourds
Aux cris du désespoir, aux pleurs de la prière!!!

L'ami de d'Alembert, Mécène du hameau,
Pougens n'est plus... Le ciel est sa patrie!
Ainsi tombe un vieux chêne à l'écorce flétrie,
Quand, frappé de la foudre, il attriste l'écho;
Au souffreteux berger plus d'abri dans l'orage;
A l'oiseau du printems plus d'amoureux soupir;

Où trouver si doux nid et si joyeux feuillage?...
Ah! pleurez le vieux chêne au bienfaisant ombrage :
Un siècle l'a vu croître : un jour le voit mourir!...

Adieu, Pougens!... j'ai trop vécu d'une heure,
Celle où tu partageas mes larmes et ton pain ;
Je ne veux plus chanter... fais que bientôt je meure :
     La terre est froide à l'orphelin ! !

Sentir battre en son cœur vingt-quatre ans de souffrance,
Aimer sans qu'un regard vous jette un doux rayon,
Rêver la gloire, et s'éveiller sans nom ;
Puis ne plus croire à rien... rien , même à l'espérance,
     Ange incertain tombé des cieux,
N'est-ce pas que la vie est un bienfait des dieux (1)?

A.-F. Guilleré.

(1) J'ai conservé sans correction cette Notice et cette Élégie, dont le *Constitutionnel* donna un extrait trois jours après la mort de M. de Pougens, afin que mon hommage à sa mémoire ne fût qu'un cri de douleur, une première impression. *Le Courrier*, *le National*, *les Débats*, etc., ont spontanément fait l'éloge du philantrope.

LETTRE

De M. Alph. de Lamartine à M. Guilleré,

SUR M. DE POUGENS.

Monsieur,

J'avais connu et apprécié les œuvres et le beau caractère de M. de Pougens, et je comprends votre douleur et vos justes regrets. Je suis heureux d'avoir découvert un ami dans son fils adoptif, et je vous remercie de m'avoir procuré le plaisir de lire la touchante Ode que votre cœur vous a inspirée. Croyez à toute ma sympathie et agréez l'assurance de ma considération la plus distinguée (1).

LAMARTINE.

Lundi, 20 janvier 1834.
Rue de l'Université, 82.

(1) Qu'on me pardonne d'avoir publié cette lettre ; mais la sympathie du plus grand poète des tems modernes pour le vieillard que nous avons perdu est une si belle fleur au tombeau de Pougens ! ! !

A LA MÉMOIRE

DE CHARLES DE POUGENS,

Par le Chevalier de Coizerolles.

Manibus date lilia plenis.
VIRG.

Lamentable Élégie, ô fille des douleurs,
Viens me prêter ta lyre, humide de tes pleurs!
Des muses viens sur moi répandre l'influence,
Viens embraser mon ame, ô dieu de l'éloquence,
Apollon! si j'osais t'invoquer en mes chants,
Ah! daigne m'inspirer les vers les plus touchans,
A l'immortel Pougens, digne d'un mausolée,
Dont loin de ses amis l'ombre fuit désolée,
A l'immortel Pougens que le peuple en ce jour
Salue avec des cris de respect et d'amour!
Éclipsez vos lueurs, éclatantes étoiles;
Ténèbres, étendez vos pacifiques voiles;
Saints parvis, couvrez-vous des emblêmes du deuil;
Parfums religieux, brûlez sur son cercueil!...
Cet ange de bonté cesse à peine de vivre,
Que sa compagne en pleurs lui jure de le suivre,

Que son cœur attendri, palpitant de pitié,
S'élève vers l'objet de sa longue amitié;
Que du front de Pougens, des traits de son visage
Elle baise cent fois la plus fidèle image;
Qu'au vénérable époux qui règne dans son cœur,
Julie à chaque instant parle de sa douleur,
Dont le poison terrible en secret la dévore,
Qu'elle entraîne le jour, le soir, la nuit encore.
Sur ses siéges poudreux, pêle-mêle entassés,
En colonne elle voit des volumes dressés,
De l'étude et du tems ces monumens illustres,
Qu'interrogea Pougens durant plus de huit lustres,
Inspirent sa douleur! « Viens, et descends des cieux,
» Ange qu'une auréole agrandit à mes yeux;
» Être divin, sacré, que ta Julie appelle,
» Qui la fait tressaillir dans ce tableau d'Apelle!
» Depuis que tu n'es plus, que de cœurs déchirés
» Bénissent avec moi tes restes adorés!
» S'exilant, revenant saluer ta demeure,
» En ces lieux éloquens ton épouse te pleure!
» O toi, que tes malheurs n'entendaient point gémir,
» Et qui nous apprenais contre eux à t'affermir,
» Vois-tu Julie en deuil dont l'amitié t'implore,
» A la Mort, un instant, te disputer encore,
» Épier dans ton sein un reste de chaleur,
» Et saisir un soupir échappé de ton cœur!
» Mais pourquoi de l'amour caresser la chimère,
» Qui fuit loin de mes yeux comme une ombre éphémère,
» Quand les échos des champs, des collines, des bois
» prolongent jusqu'ici de lamentables voix;

» Quand ta perte, Pougens, rend nos plaines stériles,
» Quand Palès et Phébus désertent nos asiles ;
» Quand des fils de Cérès, promis à nos vallons,
» La dévorante ivraie usurpant les sillons,
» Règne avec le chardon qui de dards se hérisse,
» Et ronge l'hyacinthe, et le jeune Narcisse !
» Hélas ! hôte nouveau de l'empire des morts,
» Ombre de mon ami, si froide à mes transports,
» Dans ces funèbres lieux qui voit dormir tes restes,
» Dieu m'annonçait ta mort par des songes funestes,
» Ordonnait à ce jour, des mondes redouté,
» De frapper de ses feux mon œil épouvanté ;
» Ordonnait à l'Hymen, en deuil, inconsolable,
» De franchir les détours d'un désert effroyable,
» Et d'éteindre au séjour, seuil de l'éternité,
» De son pâle flambeau la mourante clarté ! »
Cependant, écrasés du poids de la tristesse,
A Charles conservant une sainte tendresse,
Sombres, silencieux, et l'œil mouillé de pleurs,
Théodore et Louise, au comble des douleurs,
Brûlant à son amour d'en adoucir l'épreuve,
Embrassent les genoux de cette noble veuve,
Qui les relève, et fait à leurs cœurs attendris
Entendre des soupirs, des sanglots et des cris !
Alors, des serviteurs le vieux essaim se traîne
Vers leur maîtresse, en pleurs, qui les distingue à peine,
Qui vole soutenir leurs pas mal affermis
Dont la tremblante voix les nomme ses amis,
Dont la pitié leur fait retrouver la parole,
Dont la bonté les suit, les bénit, les console !

Élevant ses regards vers le maître des cieux,
Les baissant aux éclairs qui partent de ses yeux,
Lorsqu'elle entend sa voix ordonner qu'elle vive,
Elle erre, atteinte encor d'une peine plus vive,
Que quand un jour funeste éclaira son malheur,
Qu'il luit, et qu'il revint épouvanter son cœur!
Mais toi, fille du Tems, dont le grand nom m'inspire,
O Soissons! où Clovis asseyait un empire,
Je te vois abaisser tes étendards en deuil,
Je te vois de Pougens saluer le cercueil,
Et debout sur la tombe, où doit dormir sa cendre,
La baigner de tes pleurs lorsqu'elle y va descendre.
De la cité des rois désertez les remparts,
A ma voix, vers ces lieux volez de toutes parts,
Vous, des fils du malheur élite fraternelle,
Escortez de Pougens la pompe solennelle,
Et soyez-en l'honneur, la gloire, l'ornement,
Et venez à son ombre ouvrir un monument!
Déjà sur votre ami vos regrets déplorables
Éclatent dans Vauxbuins en plaintes lamentables!
Depuis que votre père, hélas! vient de mourir,
Dans votre œil égaré les pleurs n'ont pu tarir,
Et vous voyez, émus de vos regrets suprêmes,
Tressaillir des débris que vous portez vous-mêmes!
Mornes, le front baissé, par la peine abattus,
Traînant son corps chargé d'un siècle de vertus;
Pauvres, vous transformez la fête sépulcrale
Du sublime Pougens en fête triomphale!
Vous entonnez des morts les hymnes révérés,
Et vous couvrez la voix des lévites sacrés!

Quand sa mort des honneurs vient effacer les signes,
Votre ami vous défend d'étaler ses insignes,
De marcher revêtus des emblèmes du deuil,
D'éclairer vos douleurs des torches du cercueil;
Autour d'un char superbe, embelli de ses armes,
D'inspirer le respect, de commander les larmes;
Mais votre protecteur, dans la tombe enfermé,
S'y lève, radieux de vos cœurs d'être aimé!
O toi, digne héritier de son savoir immense,
Toi, de Charles le fils, et qu'il lègue à la France,
Théodore, tu viens; ton filial amour (1)
Gémit, conduit ton père à son dernier séjour :
Interprète des cœurs, toi, que sa perte inspire,
Ta douleur éveillait les accens de ta lyre!
« De l'Ausonie à peine avais-tu vu les cieux,
» Pougens, que son azur s'éclipsait pour tes yeux;
» Que, guidant la science en des routes nouvelles,
» De la perfection tu lui prêtais les ailes;
» Qu'aux moissons de l'étude associant des fleurs,
» Ta céleste bonté conquérait tous les cœurs;
» Qu'ouvrant à l'infortune une destin plus prospère,
» Victime du malheur, tu lui servais de père!
» Des femmes, des enfans, vois les flots accourir,
» Écoute autour de toi leurs douleurs retentir;
» Les innombrables voix de la reconnaissance
» Dire : Repose en paix, ange de bienfaisance! »
Ainsi, de tes vertus rehaussant la grandeur,
Ton fils verse sur toi des torrens de splendeur :
Poursuivi, déchiré par son désespoir sombre,
Du cri de ses regrets faisant gémir ton ombre;

Il te fuit, il revient, s'arrache de ces lieux
Où son cœur te rappelle, où te cherchent ses yeux,
Et pour mûrir les fruits de vos savantes veilles
D'un monde poétique achève les merveilles (2)!
Cependant, de Pougens ignorant le trépas,
De son trône argenté Phébé guidait mes pas :
Au milieu d'une nuit, amante du silence,
Je m'égarais du deuil dans le domaine immense!
A l'aspect de ces lieux, ces vassaux de la Mort,
Où la Vertu sommeille à côté du Remords,
Je disais, pénétré d'une peine profonde :
« Ici, je suis le seul des hôtes de ce monde,
» Qui viens fouler du Tems le tombeau solennel
» Entre un jour qui s'écoule et le jour éternel!
» Quoi! je veille, incliné dans ce vieux sanctuaire,
» Où la sœur du soleil de son flambeau m'éclaire;
» Près de l'homme oublié dans le champ du repos,
» Du fleuve de mes jours je vois tarir les flots!
» Et de Phébé, peut-être, à la pâle lumière,
» Le sommeil de la mort pèse sur ma paupière;
» Et Jéhovah, d'un lieu foyer de la douleur,
» Va transporter mon ame en un monde meilleur! »
Mais les cieux sont pour moi couronnés de ténèbres,
Je marche enveloppé dans des voiles funèbres,
Depuis que nous avons, fidèles serviteurs,
Perdu le bon Pougens, la moitié de nos cœurs!
Vos regrets sont les miens, sensible Théodore,
Vous, que Pougens aimait, que sa veuve aime encore;
Vos regrets sont les miens, inséparables sœurs,
Dont la main sur sa vie effeuillait tant de fleurs :

Excellente Louise ! angélique Julie !
Qui parlez à mon cœur, à ma mélancolie,
Et qui dictez mes chants, dont le doux souvenir
Dictame du présent, console l'avenir ;
Compagnes de douleurs, dans votre solitude,
Vous ne caressez plus les charmes de l'étude (3) !
Hélas ! vous invoquez chaque jour, chaque nuit,
L'ange consolateur dont l'image vous suit !
O toi, qui sur tes pas répandais l'abondance,
O Pougens ! du malheur nouvelle Providence,
Lorsque tu saluais Vauxbuins de tes adieux,
Lorsqu'un char triomphal t'emportait dans les cieux,
L'hiver vit des éclairs le surprendre lui-même,
Entendit du Très-Haut tonner la voix suprême,
La foudre des étés, l'oracle solennel
Aux mondes annoncer l'ordre de l'Éternel
De rendre aux légions des célestes phalanges
Charles, qui vient s'asseoir sur le trône des anges !
Mais reçois d'Apollon, comme il voue aux guerriers,
Le rameau de Virgile, un rameau de lauriers !
Toi, son fils, son élève, un de ses interprètes,
Toi, l'honneur des savans, le Nestor des poètes,
Cérès, pour les suspendre, à tes cheveux sacrés
Détache de son front quelques épis dorés,
Emblême des bienfaits dont tes mains vénérables
Sur le pauvre épanchaient les dons inépuisables !
Vois l'agreste Palès, en ton nouveau séjour,
T'environner de fleurs et d'attributs d'amour !
Les nymphes d'un miel d'or te vouer les offrandes !
Flore te couronner de ses fraîches guirlandes !

Les muses devant toi vont soupirer des vers !
Moi, le fils du malheur, rebut de l'univers,
Sous le dôme sacré des chênes, des platanes,
Ma lyre retentit, et console tes mânes !
L'automne va gémir du courroux des autans,
Les hivers vont s'asseoir au trône du printems,
Avant que le tems puisse anéantir ta gloire;
Avant que je renonce à chanter ta mémoire;
Avant que d'épuiser l'hommage de mes pleurs,
Pour toi, que mon cœur laisse au vallon des douleurs;
Mais dont l'ame immortelle, au palais des nuages,
Luit comme le soleil sur l'océan des âges !

NOTES DE L'ÉLÉGIE.

(1) Page 33.

Théodore, tu viens, et ton pieux amour
Accompagne ton père à ton dernier séjour.

Voici une élégie vraiment touchante que la mort de M. de Pougens, que ses amis ne cesseront jamais de pleurer, a inspirée à M. Théodore Lorin. Ah ! que M. de Pougens, érudit profond, homme de génie, et, ce qui vaut mieux encore, le père des pauvres, des malheureux, que ce modèle de toutes les vertus expansives méritait bien cet hommage, qu'on peut appeler le cri du cœur.

AUX MANES DE M. CHARLES POUGENS,

SON FILS D'ADOPTION,

THÉODORE LORIN.

Repose en paix, ombre chérie !
Bienfaisant Charle, ô toi qui consacras ta vie
A prévenir, à calmer les douleurs.
Pour la première fois tu fais verser des pleurs
A tes amis, à ta veuve adorée.
D'infortunés une foule éplorée
De leurs sanglots remplissaient le saint lieu,
Tandis que des voix éloquentes
Célébraient ta mémoire. Hélas ! un long adieu
S'échappa seul de mes lèvres tremblantes.
Au sein de ce Dieu de bonté,
Dont tu fus la vivante image,
O mon père ! reçois le simple et pur hommage
Qu'à mon cœur déchiré la douleur a dicté.

> De plus brillans talens rediront d'âge en âge
> Tes droits incontestés à l'immortalité.
> Tout le monde savant parlera de ta gloire ;
> Mais tes amis garderont la mémoire
> De tes douces vertus , de tes nombreux bienfaits.
> Repose en paix !

(2) Page 34.

> Et pour mûrir les fruits de leurs savantes veilles,
> D'un monde poétique achève les merveilles.

M Théodore Lorin, depuis quarante ans , aidait M. de Pougens dans ses pénibles recherches pour composer le *Trésor des Origines* et le *Dictionnaire grammatical* raisonné de la langue française. Cet ouvrage , qui embrasse toutes les langues , ce cours si éloquent et si riche de science et de littérature , est près d'être achevé. Nous espérons que le zèle infatigable de M. Lorin , et que les grandes connaissances qu'il a acquises et perfectionnées à l'école d'un savant immortel, contribueront , pour la gloire de son maître et pour la sienne , à terminer enfin cette œuvre immense.

(3) Page 35.

> Compagnes de douleurs, dans votre solitude ,
> Vous ne caressez plus les charmes de l'étude.

Tout le monde connaît les charmantes compositions de Mme Louise B. de Saint-Léon, *Eugenio et Virginia ; Orfeuil et Juliette, ou le Réveil des illusions ; — Murlovia ; — Alexino, ou la Vieille Tour du château de Holdsheim* , etc. Nous apprécions depuis long-tems d'autres ouvrages encore qui ont distingué le nom de Mme de Saint-Léon. Cette dame fit paraître en 1797 *Éléonore de Rosalba* , 7 vol. in-18 , chez Lepetit , libraire. Mme Louise publia en 1798 *Rosa* , traduction du roman anglais de miss Bennets, intitulé THE BEGGNER

Girl (*la Fille mendiante*) ; — *le Père et la Fille* ; — traduction de *mistress Oppie*, ouvrage qui a eu beaucoup de succès, et d'après lequel on a fait deux pièces de théâtre qui ont attiré la foule.

Presque tous les ouvrages de Mme de Saint-Léon ont été traduits dans les principales langues de l'Europe. Les limites dans lesquelles ces notes nous forcent de nous renfermer ne nous permettent point de rappeler ici d'autres ouvrages qui n'ont pas moins réussi que ceux que nous venons de citer. Cependant nous distinguerons encore, parmi tant d'autres productions si estimables, celle de *Henri*, en quatre volumes, chez Roret, libraire, rue Hautefeuille ; la première édition a été épuisée en moins de quinze jours. Cet ouvrage, que Mme Louise publia en 1833, est écrit avec un goût, avec une correction et une élégance soutenue. Nous en avons vu avec plaisir plusieurs éditions se succéder et s'épuiser.

« M. de Pougens s'occupait à rédiger, sous le titre de *Lettres familières*, quelques souvenirs sur les principales circonstances de sa vie, ses voyages en Italie, en Angleterre, etc. Une dame, avantageusement connue par plusieurs ouvrages, qui tous ont obtenu un succès mérité, achève ces mémoires, si cruellement interrompus, et qui seront mis très-incessamment sous presse.

» Amie intime de feu M. Charles de Pougens depuis quarante-huit ans, imprégnée, si j'ose m'exprimer ainsi, de l'ame de son ami, elle est plus en état que personne d'accomplir cette tâche à la fois douce et amère. Les lettres écrites par M. de Pougens seront reproduites textuellement et avec un religieux respect. Quant aux lacunes occasionées par la funeste circonstance, madame les remplira d'après ses conversations confidentielles avec notre immortel ami, les notes qu'il a laissées, et les documens qu'elle a obtenus de quelques personnes respectables qui, ayant vécu familièrement avec lui, étaient au courant de ses relations personnelles, et de ce qui lui était arrivé de plus important.

> (*Extrait de la préface de la nouvelle édition des* Lettres d'un Chartreux, *imprimées à Soissons, par* M. THÉODORE LORIN.)

FIN.

www.ingramcontent.com/pod-product-compliance
Ingram Content Group UK Ltd.
Pitfield, Milton Keynes, MK11 3LW, UK
UKHW021350100726
13657UKWH00006B/1839